곁에 두고 싶은 향기

시산맥 감성기획시선　098

제44차 감성기획시선 공모당선 시집

곁에 두고 싶은 향기

시산맥 감성기획시선 098

초판 1쇄 인쇄 | 2024년 11월 15일
초판 1쇄 발행 | 2024년 11월 22일

지은이 강석희
펴낸이 문정영
펴낸곳 시산맥사
편집주간 김필영
편집위원 신정민 최연수
등록번호 제300-2013-12호
등록일자 2009년 4월 15일
주소 03131 서울특별시 종로구 율곡로 6길 36. 월드오피스텔 1102호
전화 02-764-8722, 010-8894-8722
전자우편 poemmtss@naver.com
시산맥카페 http://cafe.daum.net/poemmtss

ISBN 979-11-6243-530-4 (03810) 종이책
ISBN 979-11-6243-531-1 (05810) 전자책

값 12,000원

* 이 책은 전부 또는 일부 내용을 재사용하려면 반드시 저작권자와 시산맥사의 동의를 받아야 합니다.
* 이 책은 교보문고와 연계하여 전자북으로 발간되었습니다.
* 본문 페이지에서 한 연이 첫 번째 행에서 시작될 때에는 〈 표기를 합니다.
* 저자의 의도에 따라 작품의 보조 동사와 합성 명사는 띄어쓰기가 달라질 수 있습니다.

곁에 두고 싶은 향기

강석희 시집

■ 시인의 말

나에게 시는,
언어로 도를 닦는 일이며
내 영혼의 그림자다.
내 삶에 부딪히는 모든 것들이
통찰과 성찰의 시간을 보내고
기억의 편린들이 꽃처럼 피어날 때
사물의 본질을 무지개처럼 펼치며
고요 속을 비행하는 한 마리 새가 되리라.
나의 삶이 시가 되는 그 날까지….

2024년 늦가을, 강석희

■ 차례

1부

정월 대보름 달	19
아중 호수	20
부활	21
고요를 찾아서	22
서준	23
추석	24
사랑도 익는다	25
아버지의 귀가	26
삶의 이유	28
인연	29
기다림	30
홍시	31
창덕궁 후원을 거닐다	32
향일암	33
행복 발견	34
사랑 참 쉽다	35
아버지의 눈물	36
세월 유감	37

2부

세월이 가면	41
흔적의 기억	42
산에는 꽃이 피네	43
새날	44
갈망	45
낙화	46
삶	47
그냥	48
희망	49
천년의 사랑	50
단골 찻집	51
빗속을 걸으며 하늘을 본다	52
길	53
꽃 피는 설날	54
곶자왈	55
삶과 죽음의 경계에서 유희를 꿈꾸다	56
아름다운 고립	58
바람이 전 하는 말	59

3부

길 없는 길	63
적멸의 끝은 또 다른 시작인가	64
윤회	65
벽	66
달빛 사랑	67
홀로 피는 꽃	68
모정	69
비와 그리움	70
눈꽃 풍경	71
풋사랑 편지	72
모두가 사랑이다	76
꿈에 본 내 고향	77
산처럼	78
봄날의 왈츠	79
생과 사	80
행복의 비결	81
행복	82
의림지 제방의 노송에 묻는다	83

4부

내 마음속의 촛불	87
빈자의 행복	88
모과	89
달빛 마술	90
기억 속에 피는 꽃	91
행복의 조건	92
존재의 이유	93
장미꽃 사랑	94
장어의 꿈	95
구름	96
본능	97
시작의 희열	98
이유	99
낡은 신발	100
바다	101
짝	102
가을꽃	103

■ 해설 | 문정영(시인)   105

1부

정월 대보름 달

쟁반같이 둥근달이 산머리에 걸렸다

소원을 빌었더니 달이 둥실 뜬다

달빛은 머리 위에 소복이 쌓이고

내 마음은 달처럼 둥둥 떠오른다

아중 호수

산에서 나온 물이 산에 갇혔다
돌아보지 않는 이별이 싫었을까
산도 물을 품고 물도 산을 품는다

고요한 새벽 윤슬이 춤추면
더운 물안개 뭉실뭉실 피어오르고
바람은 물 향기에 가던 길 멈춘다

누워 잠든 산이 꿈틀거리고
어둠은 서둘러 물속으로 숨어들고
햇살은 물 위에서 튀어 오른다

새들이 날개를 식히고 떠나면
까만 밤을 하얗게 보낸 사람들이
그을린 마음을 씻으러 몰려온다

부활

그가 돌아온다
잿빛 어둠을 뚫고 왕처럼 성큼성큼
걸어서 내게로 온다
절망과 좌절과 고통의 시간들
폭탄의 파편들처럼 산산이 흩어지고
햇살 같은 미소를 날리며 새 희망의 꽃다발을
벅찬 가슴에 봇물처럼 안겨 준다
눈보라가 몰아치던 광야의 삭막함은
푸른 초원이 되어 꽃들이 만발하고
안개를 헤치며 떠오른 찬란한 태양이
눈부신 햇살을 내 머리 위에 쏟아놓는다

아, 아침은 저녁을 지나야 오는 것이었음을…

고요를 찾아서

시간이 멈춰버린 태고의 동굴 속
작은 물방울 하나가 고요를 깨트린다
유리처럼 깨진 고요의 파편이
소리의 씨앗이 되어 세상을 지배하고
나는 궁극의 고요를 찾아 헤매인다

풍경 속을 박차고 나온 소리가
수행하는 스님의 고요를 흩트리고
내밀한 새벽이 내려앉은 호수 위
뭉실뭉실 피어오르는 물안개 속에서
숨어있는 고요가 반짝거린다

서준

막내 효신이가 엄마가 되었다
먼 우주에서 왔을 별 하나를
열 달 동안 뱃속에 품고 있다가
제 몸의 한 조각으로 내어놓았다

핏덩이가 숨을 쉬고 소리를 지른다
엄마도 아빠도 할아버지 할머니도
얼굴엔 봄꽃이 활짝 피어나고
아기별 심장 소리에 우주가 들썩인다

추석

정갈한 달빛 한 사발,
알밤 같은 손주들의 웃음소리 한 접시
피붙이들의 훈훈한 정담 한 솥
활짝 핀 기쁨 가득 차려 놓고

고맙습니다, 감사합니다 두 번 절,
아버지 어머니가 이가 쏟아질 듯 웃는다

사랑도 익는다

풋사과가 빨갛게 익는 것처럼
세월이 흐르면 풋사랑도 익는다
사금파리 같은 사랑도 조약돌처럼
둥글둥글 편안한 사랑이 된다

설익어 풋풋하고 아파했던 사랑이
비바람과 따가운 햇살을 견디고
늦가을 단풍잎같이 곱게 물들면
애정은 반딧불처럼 어둠을 밝힌다

아버지의 귀가

10월의 어느 끝자락
땅거미 지는 들녘에서 무거운 그림자 하나가
허기와 피곤과 젖은 땀 냄새를 산처럼 짊어지고
저벅저벅 거친 바람을 몰고 온다

고샅길 지나 뒷동산 언저리
둥지처럼 얹힌 작은 초가집
사립문 열고 들어선 마당에서
와르르 아버지의 어깨가 무너지고
토해내듯 긴 한숨에 별들도 흩어진다

한 평생 같은 하루의 노동을 마치고
토방에 걸터앉아 피우는 쓴 담배가
고단한 인생처럼 타들어 가는데
초승달 하늘은 별빛만 가득하다

밥 짓는 냄새가 울안을 채우면
호롱불이 춤추는 작은 방에서

석류 터지듯 새끼들 웃음소리 새어 나오고
축 처진 검은 그림자가 너울거린다

삶의 이유

강물처럼 흐르는 삶의 복판에
죽기 위해 넘어야 할 문턱은 없다
밤길에 발을 헛딛는 것처럼
죽음은 불현듯 우리에게 온다

무엇을 얻으려고 하는가
물질의 허상을 내 것인 양 끌어안고
찰나를 영원처럼 착각하며
불나방처럼 한세상을 사는 인생,

들판에 핀 한 송이 꽃일지라도
흔들리며 흔들리며 견디는 것은
꽃잎 곱게 세운 맑은 향기로
허공 속을 채울 수 있기 때문이다

인연

건지산 오솔길 후미진 곳에
어울리지 않는 돌 하나가 눈에 띈다
하늘에서 운석이 떨어진 걸까
아님, 누가 수석을 갖다 놓았나
절절한 이야기가 응축된
거북이 등 같은 돌 하나가
슬그머니 내 마음속에 들어온다

햇살 뒹구는 마당 한 편에
꽃잔디, 봉선화, 철쭉도 심고
화사하게 피어나는 어우러진 자리에서
가슴속 품었던 절절한 사연들
꽃향기처럼 뿜어낼 것 같은
덩그런 돌 하나가 씨감자처럼
들썩이는 마음속에서 똬리를 튼다

기다림

뜰 안에 어둠이 눈처럼 내리면
배롱나무 가지엔 달빛 스며들고
그림자는 서서히 적막에 묻히며
그리움이 별빛처럼 어둠을 밝힌다

짝 잃은 두견새 우는 소리가
어둠 속 선홍빛 꽃으로 피어나
마당엔 동동거린 발자국만 쌓여가고
식은 찻잔 속엔 별빛도 식는다

홍시

찬란하게 피어난 봄날의 꽃잎,
뜨거운 햇살과 비바람을 견디고
그리움은 터질 듯 만삭이 된다
시리도록 푸른 하늘의 유혹에도
주저 없이 던진 수직의 낙하는
산산이 부서지는 장렬한 사랑으로
뜨겁게, 뜨겁게 대지와 입 맞춘다

창덕궁 후원을 거닐다

창덕궁 깊은 곳 비밀의 정원,
호젓한 숲길엔 조선의 고난이
겹겹이 쌓인 채 낙엽처럼 부서져 있고
임금의 마음이 서려있는 주합루에는
무심한 바람만이 퇴색을 부추기며
부용지 잔물결에 만감이 일렁인다

왕과 비가 손을 맞잡고 걸었던
애련지 정각에는 고요가 드리운 채
해맑은 왕비의 모습은 보이지 않고
질곡의 역사가 이끼처럼 낀 고목만이
여위어 가는 햇살에 그리움을 떨군다

향일암

바람에 실려 온 씨앗 하나가
절벽 바위틈에 꽃을 피웠다
수백 년 풍상을 이겨낸 그 꽃의
고운 향기가 천 리를 날아가고
꽃잎엔 그리움이 구름처럼 몰려온다

발아래 펼쳐진 검푸른 바다에서
붉은 희망이 태양처럼 떠오르고
들뜬 갈매기들 바람을 가르면
꽃잎에 물든 그리움들은 새처럼
일제히 비상의 날개를 펼친다

행복 발견

사람들은 잘 모른다
가까이에 행복이 있는 것을,
산 위에 행복을 찾아
헉헉거리며 기어올라
겨우 오른 정상에서 행복을 찾는데
주머니 속에서 행복이 뚝 떨어진다

사랑 참 쉽다

사랑은 받는 게 아닙니다
사랑은 주는 겁니다

사랑은 채우는 게 아닙니다
사랑은 비우는 겁니다

사랑은 잡는 게 아닙니다
사랑은 놓아주는 겁니다

사랑은 확인하는 게 아닙니다
사랑은 느끼는 겁니다

그래서,
사랑은 참 쉬운 겁니다

아버지의 눈물

아버지의 눈물을 한 번도 본 적이 없다
그러나 아버지는 깊은 밤,
아무도 몰래 눈물을 흘린다
절망 속에서 희망을 찾는
간절한 몸부림이었던 고뇌가
안으로 안으로 스며들어
몸속에서 진주처럼 굳어진 것을
나는 아버지가 숨을 들이쉬고
내쉬지 않았을 때 비로소 알았다

세월 유감

연초록 빛깔로 세상에 나와
꽃을 피우고 열매를 맺는다
햇살의 따스함을 만끽하고
가끔은 비바람에 상처도 입지만
산새 울면 같이 울고
선들바람에 마음도 실어 보낸다

햇살이 야위고 하늘 깊어지면
추억이 겹쳤던 사람들이 하나둘,
바람에 낙엽 지듯 내 곁을 떠나고
나는 어느새 메마른 가지처럼
덩그러니 세월을 붙잡고 몸을 떤다

진초록 결기로 세상을 덮었던
빛나던 눈동자는 어디로 가고
앙상해진 등뼈가 활처럼 휘어진 채
추억만이 쓸쓸히 바람에 날리며
허무는 봄의 기억으로 겨울에 묻힌다

2부

세월이 가면

내 좁은 가슴에 팬 상처가
미움과 원망과 용서가 퇴적되어
그리움의 꽃으로 다시 피기까지
삭풍은 어둠 속에서 그렇게 울었나 보다

붉은 용암이 식어 흙이 되고
얼음이 녹은 자리에도 꽃은 핀다
세월이 가면…

흔적의 기억

길을 걸으면 찍히는 발자국,
또 하나의 나를 남긴다
바람이 지나간 자리엔 꽃이 피고
나비의 몸짓은 부활이 싹튼다

흔적 없이 사라지는 건 없다
흔적의 뒤안길엔 추억이 남는다
사라진다는 것은 재회의 약속,
겨울의 기억으로 새봄 꽃을 피운다

산에는 꽃이 피네

산비탈 양지바른 곳,
꽃처럼 피어있는 무덤 몇 기,
세속의 인연이 옹기종기 모였다

산새 울면 같이 울고
무서리에 온몸을 떨었던
다 하지 못한 이야기를
하늘 향해 가만히 속삭인다

삶과 죽음의 경계가 어디 인가,
사유의 겉가죽이 벗겨지면
나는 비로소 꽃 이름을 부른다
할미꽃, 민들레, 제비꽃…

가슴속 사연 다 풀어놓고
노오란 복수초 한 송이 필 자리에
산새 한 마리 날아와 입을 맞춘다

새날

가만히 귀 기울여 보아라,
어둠 속에서 물 흐르는 소리를,
움츠린 나목들이 삭풍을 이겨내고
슬금슬금 침묵을 벗어 던지며
찬란한 날개를 준비하지 않는가,

잠든 대지의 심장이 다시 뛰고
봇물 터지듯 펼쳐진 날개가
회색빛 세상을 초록으로 빛내며
새들의 노랫소리 울려 퍼지고
희망이 폭죽처럼 꽃을 피운다

갈망

파도처럼 밀려왔다 밀려가는 그리움,
별빛 스러지고 먼동이 트면
조약돌처럼 닳아버린 아린 가슴은
애써 망각의 커튼을 쳐 보아도
태양처럼 떠오르는 그대 생각이
내 마음만 모래처럼 부숴 놓는다

낙화

누가 말하지 않아도
봄날의 약속을 지킨 너,
차갑던 햇살과 뜨거운 포옹은
재회의 달콤함을 향기로 말한다

이슬처럼 짧은 분홍빛 사랑,
바람에 날려 허공에 흩어지고
이별의 상처에는 봄날의 기억이
너의 이름으로 알알이 맺힌다

삶

생긴 대로 살고
사는 데로 산다

거미는 거미알을 낳는다

그냥

그냥 이라는 말 참 좋아요
그냥 예뻐요
그냥 보고 싶어요
그냥 왔어요

이런 맘,
그냥 좋아요

희망

그것은 너와 나의 끈이다
서로를 단단히 묶는 끈이다
어둠 속에서 길을 밝혀주는 등대이며
끌어안고 놓지 말아야 할 미래이다
거친 파도 헤치고 눈보라를 뚫고
다가올 세월의 언덕에 우뚝 서서
찬란한 봄날을 무지개처럼 펼치리라

천년의 사랑

나는 너에게 너는 나에게,
천 년 전부터 서로를 향했다
이정표 없는 외길을 걸어와
우연인 듯 필연으로 하나가 된다

봄여름 가을 겨울 천 번을 지나
연리지처럼 되어 버린 너와 나,
심장의 더운 피가 섞이고
천년에 한번 꽃을 피운다

단골 찻집

호숫가 언저리에 둥지처럼 얹힌
빛바랜 찻집의 문고리를 당기면
커피 향의 환한 미소가 반겨 주는
오랜 친구 같은 허물없는 찻집에서,

사각의 햇살이 다소곳이 앉아있는
안과 밖의 경계에 시선을 걸치고
고독과 번민의 사유를 마시며
상념의 실을 뽑아 내일을 엮는다

빗속을 걸으며 하늘을 본다

들길을 걷다가 폭우를 만난다
피할 수 없는 굵은 빗방울들이
파도처럼 밀려와 내 몸을 적시고
이내 체념이 장쾌함으로 다가온다

저항에서 오는 고통보다는
때론 순종이 평온을 주는 것처럼
흠뻑 젖어 연화된 마음이
빗속에서 무지개를 그려 본다

길

길은 언제나 눈앞에 있다
보일 때도 있고 보이지 않을 때도 있다
멈추지 않고 나아갈 때 길은 열린다

때론 두 갈래 길에서 망설이지만
선택한 길에 후회를 남기지 말고
가지 못한 길에 미련을 두지 말자

발자국은 길을 걷는 자만이 남긴다

꽃 피는 설날

흰 눈 내리고 설 까치 날아와
봄이 오기 전 꽃이 핀다
웃음소리가 향기처럼 퍼져나가
옆집에서 옆집으로 온 동네가 꽃밭이 되고
설빔 입은 아이는 꿀벌처럼 왔다 갔다
아버지 어머니도 한들한들 꽃이 된다

날마다 오늘만 같아라,
설날의 하루가 노루꼬리처럼 짧다

곶자왈

어떻게든 살아야 했다,
황량한 돌무더기였던 이곳에서
나무들은 처절하게 돌덩이를 부여잡고
바람과 싸우며 숲이 되어갔다

막히면 돌아가고 열리면 내달리고
천둥과 번개를 수만 번 맞고서야
쇠줄처럼 단단해진 몸들 사이로
바람에 실려 온 섬 꾀꼬리 한 쌍이
노래하며 어머니의 냄새를 맡는다

삶과 죽음의 경계에서 유희를 꿈꾸다

사람은 반드시 죽는다
다만 길고 짧은 삶이 다를 뿐,
그렇다고 죽음을 두려워할 필요는 없다
내일 지구의 종말이 올지라도 나는 오늘 사과나무를 심겠다는
스피노자의 어록처럼 끊임없이 멈추지 않고 살아야 한다
아침에 일어나 하루의 계획을 세우고 새해엔 일 년의 계획을 세우듯,
무엇인가를 추구하는 삶을 살아야 한다
그것이 물질이든 정신의 풍요이든 삶은 채우는 것이다
그러나 넘칠 때까지 채워서는 안 된다
적당 이를 아는 것이 삶의 지혜다 여백은 채워진 것을 지켜준다
정신의 풍요를 통해서 물질의 빈곤을 극복할 수 있다
끊임없는 학습과 경험은 이것을 실현하는 방법이다
꽃길만 걷는 삶은 정신의 풍요를 채우지 못한다
다양한 경험을 통해서 깨달음을 얻어야 한다
그것이 실패든 성공이든 험한 길 고운 길을 가리지 말고
나에게 주어진 처지를 피할 수 없음 즐기자
모든 것은 시간이 다 해결해 준다 영원한 것은 없다
꽃은 피면 지고, 지면 다시 핀다 흐르는 강물에 몸을 맡겨라

거슬러 오르려고 하면 힘이 빠져 침몰한다
마음 가는 대로 살고 그 마음에 진심을 담아라
행복은 누군가와 비교하는 게 아니라 어제의 나와 비교할 때 온다
오늘 내가 당당한 까닭은 어제 내가 충실했기 때문이다
진실로 세상을 보고 진실로 나를 보여 줘라
진실은 최후의 승자가 된다 바다를 보면서 산을 생각하지 않고
산을 보면서 바다를 생각하지 않는다
담대하고 의연한 걸음걸음은 지울 수 없는 흔적이 되고
사유의 퇴적 위에서 한 송이 연꽃처럼 피어날 내 자아의 발현은
한낱 죽음 따위가 걸림돌이 되지 못할 것이다
때가 되면 비상의 날개를 주저 없이 활짝 펴리라

아름다운 고립

서 있는 곳이 운명이 된다
봄여름 가을 겨울이 손님처럼 찾아와도
포용과 적선의 미덕을 수행하며
높이와 넓이와 깊이를 지향한다

햇살과 바람으로 숙성된 자아는
묵언 참선으로 세월의 탑을 쌓고
자비의 영토를 뭉게뭉게 넓히며
새들과 벌레들을 어머니처럼 품는다

바람이 전 하는 말

샛바람 불면 봄이 온다고,
마파람 불면 비가 온다고,
바람이 귓가를 스치며 말합니다

하늬바람에 묻습니다
산 너머 그리운 임 소식을,
바람은 말없이 풍경만 치고 가고
나도 모르게 그 소릴 따라갑니다

3부

길 없는 길

그에게 가는 길은 길이 없다
아니, 없는 게 아니라 보이지 않는다
가지 않으면 그를 만날 수 없기에
용기를 앞세우고 희망을 불빛 삼아
무겁게 첫발을 내딛는다
한 걸음 한 걸음 걸을 때마다
놀랍게도 그는 내게 가까워져 온다
조금만 더, 조금만 더,
어느새 나는 그에게로 왔다

적멸의 끝은 또 다른 시작인가

나의 영혼이 적멸의 세계로 돌아가
내 살던 집 뜰 안에 목련으로 피기까지는
산천은 몇 번이나 몸을 뒤척이며
허무의 퇴적을 쌓을 것인가,

고요는 산천과 몸을 섞고
바람과 불빛이 몸속을 빠져나와
그를 따라가지 못하고 다시 봄이 오면
앞산에 소쩍새를 울게 하는
저 음색은 누구의 목소리 인가,

서러운 저녁노을은 아침 해로 떠오르고
떠났던 배는 기적을 울리며 돌아오는데
한 무리 철새들은 봄을 안고 떠나간다

윤회

풀잎에 맺힌 이슬 한 방울,
또르르 굴러 고향으로 향한다
도랑에서 냇물로 냇물에서 강물로
검푸른 바다에 몸을 섞는 이슬,

달빛에 비친 하얀 포말은
이슬을 잉태하는 바다의 몸부림,
수면에서 시작하는 길고 긴 여정,
시작도 끝도 없는 여행이다

벽

세상의 모든 벽은 문이 있다
문을 열면 소통이 되고
문을 닫으면 단절이 된다

문을 활짝 열고 나가라!
뒤에 있는 벽은 나를 지켜준다

달빛 사랑

너무 뜨겁지 않은 사랑,
내 앞을 밝혀주는 사랑,
기울면 차는 한결같은 사랑,
마주 보면 내 얼굴 닮은 사랑

홀로 피는 꽃

홀로 산다는 것은,
깊은 밤 풀벌레 소리에도
귀를 기울이는 것,
한여름의 폭염도 한겨울의 삭풍도
오롯이 홀로 견디고
무심한 바람에도 손을 흔들며
삭힌 향기를 내어주는 것

모정

어머니!
그 이름 하나 부르는 것만으로도
가슴 깊은 곳에서 뜨거움이 솟아납니다
한 번도 여자인 적이 없었던 어머니는
촛불처럼 사시다가 촛농처럼 녹아내려
제 마음속에 등불이 되었습니다
당신이 가진 것을 다 주고도
늘 미안해했던 당신이기에
그 사랑의 깊이는
제가 감히 가늠할 수조차 없습니다
더 이상 제게 줄 수 없음을
당신은 가슴 아파하고 홀연히 떠났지요
어머니!
하늘에서도 제 걱정을 하는 건 아닌가요?
이제 마음 내려놓으시고 편히 쉬소서,
그것이 어머니가 저에게 줄 수 있는 마지막 사랑입니다

비와 그리움

비를 맞으면 옷이 젖지만
쏟아지는 그리움엔 마음이 젖는다

젖은 옷은 말리면 되지만
젖은 마음엔 그리움만 쌓인다

눈꽃 풍경

꽃잎 펄펄 날리던 봄날처럼
눈송이 휘날리며 나뭇가지에 핀다
삭풍에 온몸을 떨었던 나목이
눈으로 옷 입고 꽃 피운다

앙상한 가지 속엔 봄을 숨기고
꽃잎처럼 날리는 눈을 품는다
눈부시게 피워낼 봄날의 향연을
겨울의 복판에서 나목은 꿈꾼다

풋사랑 편지

초등학교 6학년 새 학기가 시작되는 어느 봄날,
선생님은 한 소녀를 데리고 교실로 들어오셨다
"주목, 우리 학교에 새로 전학 온 학생이니 이제부터
사이좋게 잘 지내길 바란다" 하시며 내 바로 옆줄에
소녀를 앉도록 하였다
하얀 얼굴에 윤기 있는 머릿결, 세련되어 보이는 소녀의
옷차림은 한눈에 봐도 대도시에서 온 것이 틀림없었다
나는 그 소녀가 하늘에서 내려온 천사 같다는 생각이 들었다
백옥처럼 하얀 피부에 별빛 같은 눈, 오똑한 코와 붉은 입술이
이제 막 사춘기가 시작되는 나의 가슴에 불덩이처럼 들어와
내 가슴을 뜨겁게 했다 그 후론 나에게 버릇이 생겼다
선생님이 우스운 말이나 새로운 얘기를 할 때면
나도 모르게 소녀를 쳐다보는 습관이 생겼다
처음엔 소녀도 무심히 나와 눈이 마주치다가 자꾸만 횟수가 늘어 가니
나중엔 그 소녀가 먼저 나를 쳐다보기도 했다
나는 소녀와 눈이 마주치면 마치 도둑질하다 들킨 사람처럼
얼른 다시 앞을 보았다 그렇게 시간은 흘러, 봄이 지나고
여름 방학이 지나 가을이 왔다 다른 친구들은 소녀와 장난도 치고

즐겁게 얘기도 나누고 했지만 나는 왠지 그럴 용기가 없었다
그냥 속으로만 한없이 소녀를 좋아했다
그런 소녀도 나와 같은 마음인지, 나에게 말을 걸진 않았지만
체육시간에 내가 달리기를 일등 하거나 턱걸이를 다른 친구들보다 많이 할 때면 소녀는 분명 좋아서 폴짝폴짝 뛰다가 나와 눈이 마주치고 쑥스러워 고개 숙이곤 했다
그렇게 겨울이 오고 정말 하기 싫은 졸업식이 다가왔다
나는 용기를 내어 그 소녀에게 직접 전해줄 편지를 썼다
그동안 좋아했던 마음을 솔직하게 쓰고 며칠 후 만나서 얘기를 하자는 약속도 적었다 그리고 드디어 졸업식 날,
식이 끝나고 소녀는 운동장 버드나무 아래에 혼자 서 있었다
마치 나를 기다리고 있었다는 듯이…
나도 소녀 앞으로 갔다 소녀가 먼저 내게 말했다
애, 너는 왜 맨날 나만 쳐다보았니? 뜻밖의 질문이었다
그러나 그 말 속엔 할 말 있음 지금 해봐 그런 말투였다
나는 나도 모르게 그냥~~ 그렇게 말하고 갖고 있던 편지를 던지듯이
소녀에게 주고 도망치듯 뛰어왔다 그리고 약속한 날,
편지에 적은 대로 소녀는 정말 약속 장소에 나올까?

나는 하루가 일 년처럼 길다고 생각하며 약속 장소에 나갔다
30분, 1시간, 2시간, 3시간 그러나 끝내 소녀는 나오지 않았다
소녀의 아버지는 직업군인이어서 학교 근처 부대 내 관사에 거주하고 있어 찾아갈 방도도 없었다 내 마음속엔 여름 장마처럼 먹구름이 끼고 폭우가 쏟아졌다 세월이 흐른 뒤 동창회 모임을 통해 소녀는 아버지를 따라 서울로 갔다는 얘기를 들었다
그렇게 나의 사춘기 사랑의 열병은 끝이 났다 그로부터 30년 후,
우리는 초등학교 졸업 30주년 기념행사를 준비했고 그동안
동창회를 통해 만났던 친구들과 수소문을 통해 만나지 못했던 친구들도
30주년 행사에 거의 참석하기로 했다
나는 혹시 그녀도 올지 모른다는 생각에 며칠 전부터 설렜다
드디어 행사날,
호텔 행사장에 도착한 순간 나는 첫눈에 그녀를 알아봤다
정순애? 나도 모르게 그녀의 이름을 불렀고 그녀도 동시에
나를 알아보고 내게로 다가와 내 손을 덥석 잡았다
그리고 이번에도 그녀가 먼저 말했다
얘, 그때 네가 나에게 준 편지 지금도 내가 갖고 있어,
하면서 낯익은 봉투를 내게 보여줬다

순간 나는 머릿속이 혼란스러워졌다
그럼 왜 그때 안 나왔지? 나는 따지듯이 물었다
그녀는 빙긋이 웃으며 응, 감기에 심하게 걸려서 나올 수가 없었어,
엄마도 못 나가게 했고, 언젠가 너를 보면 얘기해 주려고
이 편지 지금까지 보관하고 있었던 거야, 나는 할 말을 잃었다
잠시 침묵이 흐른 뒤 우리는 그동안 가슴에 쌓인 얘기를
털어놓기 시작했다 그녀는 30년 전에 내가 처음 봤던 해맑은
모습으로 내 앞에서 재잘거린다
아, 나의 풋사랑은 끝났지만 30년 전의 기억은
지금 내 앞에서 춤추고 있다

모두가 사랑이다

삭막한 거리에 뒹구는 낙엽,
쏜살같이 오고 가는 자동차들,
무표정한 얼굴로 스쳐 가는 사람들,
온기 없는 차디찬 가로등,
저무는 하루의 일상에서
나지막이 들려오는 너의 목소리
아, 숨어있는 사랑이 있다

꿈에 본 내 고향

야트막한 동산 아래 샘 뜸, 안 고샅 터, 모퉁이,
그 이름도 정겨운 내 고향 이름,
뒷동산엔 진달래가 울긋불긋 피어나고 화사한 살구꽃과 목련이
울안을 가득 채우던 꽃 대궐 같은 우리 집,
동네 앞 둥구나무가 기린의 목처럼 향한 연꽃 피는 방죽에선
여름엔 수영하고 겨울이면 썰매를 타며 놀았고
어느 해 장마철 큰물 지던 때 겁도 없이 뛰어들었다가
물귀신이 될 뻔했던 아찔했던 순간도 이젠 추억이 되어 버린 그곳,
방죽 언저리 수령을 알 수 없는 왕 버들 사이로 잘 늙은 모정에선
동네 아저씨들의 무용담이 까치 소리처럼 요란했었고
탱자나무 과수원 길 따라 정류장 가는 길은 친구들과 유행가를 부르며 우정을 쌓고 꿈을 키웠던 미래로 가는 길이었다
아리랑 고개에서 버스를 기다리다 집채만 한 먼지를 달고 온 버스가
우리를 집어삼키고 미루나무가 병정처럼 서 있는 신작로를
오리처럼 기우뚱거리며 통학했던 추억,
그러나 상전벽해라던가, 그리운 고향은 이제 온데간데없고 무성한 아파트만이 정글처럼 변해서 흔적도 찾아볼 수 없는 고향 풍경,
꿈에 본 그리운 내 고향을 나는 지금 앨범처럼 펼쳐 놓고
추억을 하나씩 호명하며 세월을 거슬러 아이가 되어간다

산처럼

졸졸졸 흘러가는 냇물이 아니라
언제나 그 자리를 지킨다
찾아오는 생명들을 품어 주고
지친 바람도 쉬어가는 곳,
바다를 품어 주는 넉넉한 아량,
하늘을 떠받치고도 무너지지 않는 마음,

내가 닮아야 하는 그것

봄날의 왈츠

톡 톡톡 터지는 꽃망울,
참았던 그리움 쏟아 내놓고
정갈한 햇살 한 조각 담는다

순한 바람이 선율처럼 흐르고
설렘은 깃발처럼 펄럭이며
산과 들은 어깨가 들썩인다

따사로운 햇살 달콤한 바람,
벌 나비가 짝을 찾아 너울거리고
얼었던 사랑도 스멀스멀 피어난다

생과 사

베스에 쫓긴 빙어 한 마리가
사력을 다해 도망친다
파 다 닥,
수면에 그어지는 한 획,

그렇다!
살아간다는 것은 저처럼
치열하게 획을 그었다가
흔적 없이 사라지는 것이다

잔잔한 수면 아래 생과 사가 너울거린다

행복의 비결

우리는 살면서 누구나 행복을 추구한다
그러나 늘 행복하지는 않다 왜 그럴까?
그것은 언제나 더 많은 것을 욕심내기 때문이다
그래서 항상 부족하고 불만이 생긴다
지금 가진 것에 만족하고 감사하게 생각한다면
행복은 슬며시 내 곁에 온다
행복은 멀리 있는 것이 아니라
주머니 속에 동전처럼 늘 우리 곁에 있다
언제든 꺼내 쓸 수 있는 것을 욕심 때문에 알지 못한다
미래의 행복을 얻기 위해 지금의 행복을 묻어 두지 마라

행복

내가 너를 느끼는 순간은

쉿,

욕심이 잠깐 외출할 때이다

의림지 제방의 노송에 묻는다

의림지에는 어떤 사연이 침전되어 있길래,
제방의 노송은 말하지 못하고
붉은 몸을 비틀며 포효하는가?

질곡의 역사를 온몸으로 지켜보았을 터,
어찌 성한 가지가 있을 수 있으며
하늘 향해 몸을 바로 세울 수가 있었는가?

삭풍이 난도질한 껍질을 두르고도
꺾이지 않는 기개는 서릿발처럼
청정함으로 하늘을 찌르고 있는가?

4부

내 마음속의 촛불

마음속에 촛불 하나 켰습니다
그늘진 마음 환하게 비추고
추운 마음 따뜻하게 해주는
내 안에 작은 촛불입니다

미움을 태우고 욕심을 태워서
늘 꺼지지 않고 타오르는
그대 삶에 등불이 되고
어두운 세상 등대가 되겠습니다

빈자의 행복

가진 것이 없으니 잃을 것이 없고
잃을 것이 없으니 마음이 고요하다
마음이 고요하니 내 안에 꽃이 핀다

번뇌는 가지려고 할 때 생기는 것,
고개 들어 하늘을 보아라,
맑은 햇살이 꽃잎에 입 맞춘다

모과

태생부터 소리 없이 왔던 너,
못생긴 게 죄인 양
맛없는 게 허물인 듯
잎사귀 뒤에 숨어 핀 그 꽃잎,
품었던 순결하고 청순한 마음이
가을의 끝자락에 징표처럼 남아서
곁에 두고 싶은 향기가 되었다지요?

달빛 마술

달이 뜨면 시작되는 사랑,
산과 들 굽이치는 강물 그리고 나,
모두가 달빛에 젖어 꿈을 꾼다
여린 바람에도 흔들리는 갈꽃엔
미소처럼 맑은 달빛 쌓이고
잠든 산머리에 설렘 물들면
어제는 또 다른 오늘을 잉태한다

기억 속에 피는 꽃

하얀 가슴 꽃물처럼 물들여 놓고
푸른 하늘에 파랑새 되어 날아가 버린
내 마음을 경작했던 그 사람,

세월이 흘러 무성해진 잡초가
흔적마저 덮어버린 황량한 가슴엔
그 사람의 체온과 향기와 눈빛이
씨앗처럼 촘촘히 뿌리 내리고
봄이 오면 어김없이 꽃으로 피어납니다

그 사람과 함께했던 시간들이
언제나 좋을 순 없었지만
그 사람이었기에 모든 것이 좋았습니다

지금은 내 곁을 떠나고 없어도
나는 아직 그 사람을 보내지 못하여
오늘도 내리는 맑은 달빛에
살며시 얼굴을 기대어 봅니다

행복의 조건

행복은 부자와 가난한 자를 가리지 않는다
햇살처럼 모두를 공평하게 비춘다
부자가 더 많은 것을 욕심내거나
가난한 자가 가난을 비관할 때
행복은 구름 속 태양처럼 숨는다
지금 있는 그대로에 만족하라
결국 비어있는 그릇은 채워진다

존재의 이유

오랜만에 부모님 산소에 갔습니다
무성해진 잡초가 나를 기다렸던 부모님의 마음 같아서
죄송한 마음이 들었습니다
참배하고 잡초를 뽑기 시작했습니다
잡초가 뽑혀 나가자 영양실조에 걸린 듯 창백한 잔디가
긴 숨을 내쉬며 일어납니다 잔디에 미안한 마음이 들었습니다
그렇게 잡초를 뽑다가 문득 잡초에도 미안한 마음이 듭니다
이 땅에 원래 주인은 잡초였을 텐데, 묘지엔 잔디만 있어야 한다고
생각하는 나의 편협된 이기심 때문에
무고한 잡초가 한 치의 망설임도 없이 처참히 뽑혀 나갑니다
풀들이 아우성을 치는 것 같아서 더 이상 잡초를 뽑지 못했습니다
부모님이 이 광경을 보시면 "그냥 놔둬라, 풀들도 먹고 살아야지
다 제자리가 있는 거란다"라고 말씀하실 것 같습니다
어디선가 한 자락 시원한 바람이 불어옵니다
죽은 사람에게는 바람이 찾아오고 산 사람은 바람을 찾아갑니다

장미꽃 사랑

흐드러지게 핀 담장 위 장미꽃,
분명 저절로 핀 것은 아닐 것이다
삭풍에 긴 겨울을 견디며
겹겹이 품은 마음이 저리도 붉은 것은
누군가 이 자리에 자신을 심었던
애틋한 마음을 기억하기 때문이다

장어의 꿈

입이 있으나 말하지 못한다
뼈와 살이 분리되는 고통을
꿈틀거리며 저항할 뿐,
체념해 버린 핏빛 눈빛은
서슬 퍼런 칼춤에 토막토막 잘리고
대양을 향했던 한바탕 꿈이
화로 위에서 지글지글 끓는다
아, 꿈이었다

구름

뚝뚝 뚝 떨어지는 물의 씨앗들,
흙의 구수한 맛을 알았는지
금세 무럭무럭 자라서
산과 들을 헤집고 다니다가
낮은 곳에 모여 하늘을 품는다

간절함이 응집된 억겁의 시간을
바람이 덥석 안고 둥실 떠오르면
허공엔 목화솜처럼 꽃이 피고
물의 씨앗들이 먹빛으로 익어간다

본능

목줄에 이끌려 산책을 나온
강아지 한 마리가 영역 표시를 한다
혹시 모를 자유를 대비하는 것인가,
제 주인에 의지하면 일생이 보장되건만
강아지는 부질없는 다리 하나를 든다
본능이 신뢰를 깨트리는 순간이다

시작의 희열

그물을 빠져나가지 못한 바람이 슬피 운다
슬며시 바람의 뼈를 꺼내어
하얀 도화지 위에 그림을 그린다

그림에서 바람의 향기가 나고
공허가 언어의 뼈들로 채워지며
나는 고요 속으로 침몰하여 간다

이유

논두렁에 개구리 한 마리가
몸을 움 추렸다가 멀리 뛴다
나뭇가지에 앉은 새 한 마리도
날개를 접고 움츠렸다가
하늘 향해 힘차게 날아간다
움츠린다는 것은,
도약하려는 것임을 알았다

낡은 신발

오늘 신발장을 정리하다가
지난 세월 내 삶의 무게를
오롯이 견뎌준 낡고 찌그러진
운동화 한 켤레를 보았다

숙명처럼 짊어진 무게를 내려놓고
구석에서 잊힌 추억을 간직한 채
늙고 병든 몸을 웅크리고 있는
버려져야 할, 아니 이미 버려진
희미한 슬픔이 꽃처럼 피어있다

바다

천 갈래 물길이 모이는 곳,
가장 낮고 가장 넓은
억겁의 시간이 응축된 덩어리,
끝이 되고 시작이 되는
세상 모든 존재의 고향,
퍼렇게 익어 버린 간절함이
햇살을 삼키며 튀어 오른다

짝

당신을 만나 깨알 같은 시간들
스며들고 부딪치며 살아온 세월,
이제는 내 안에 네가 있고
네 안에 내가 있는 우리는 하나,

해 질 녘 서럽게 흘러가는 강물처럼
붉게 물들며 익어가는 퇴화도
애달픈 마음만은 순백의 향기로
철렁철렁 은빛 어둠을 깬다

가을꽃

가을의 여백을 채우던 꽃들이
슬픈 이별을 준비하는 듯,
파르르 떨며 야윈 햇살을 품는다
식은 바람이 가슴을 뚫고 지나가
서러움이 물든 산마저 옷을 벗기면
가을은 떠나는 연인의 뒷모습처럼
무거운 그림자만을 길 위에 흘린 채
텅 빈 가슴속엔 하얀 꽃 한 송이 핀다

■□ 해설

기억의 조각들을 따뜻한 시선으로 바라보기
- 강석희 시집 『곁에 두고 싶은 향기』

문정영(시인)

 강석희 시인은 한평생 시를 품고, 시를 향해 오직 뚜벅뚜벅 외길로 살아왔다. 시집 『곁에 두고 싶은 향기』에서 시인은 살아온 삶을 사랑으로 품고 그 향기를 행간에 고스란히 담아내고 있다. 시인의 시편들은 기억의 편린들을 씨실과 날실로 직조하여 만든 비단옷처럼 결이 고운 작품들로 가득하다.
 이번 강석희 시인의 시집은 가족(고향), 사랑, 희망, 삶과 죽음에 대한 소재들로 분류할 수 있다. 그 하나씩의 길목을 시인 시선으로 함께 걸어가 보자.

1. 따뜻한 가족애와 자연애

산에서 나온 물이 산에 갇혔다
돌아보지 않는 이별이 싫었을까
산도 물을 품고 물도 산을 품는다

고요한 새벽 윤슬이 춤추면
더운 물안개 뭉실뭉실 피어오르고
바람은 물 향기에 가던 길 멈춘다

누워 잠든 산이 꿈틀거리고
어둠은 서둘러 물속으로 숨어들고
햇살은 물 위에서 튀어 오른다

새들이 날개를 식히고 떠나면
까만 밤을 하얗게 보낸 사람들이
그을린 마음을 씻으러 몰려온다

─「아중 호수」 전문

「아중 호수」에서 시인은 산도 물을 품고 물도 산을 품는다.

그렇게 세상의 한 편과 살아간다. 그리하여 마침내 "누워 잠든 산이 꿈틀거리고" "햇살은 물 위에서 튀어" 오르는 자연을 사랑하는 경지에 다다른다. 시인이 산과 물, 오랜 기억을 품고 여기까지 왔음을 여실하게 보여준다. 품는다는 것은 사랑이다. 사랑이 없으면 시를 품을 수 없기 때문이다. 그러므로 이 작품은 넓은 의미에서 사랑의 이름이다.

「부활」에서 시인은 "절망과 좌절과 고통의 시간들/ 폭탄의 파편들처럼 산산이 흩어지고/ 햇살 같은 미소를 날리며 새 희망의 꽃다발을" 가슴에 안겨준다고 표현하였다. 이것은 자연의 아름다움을 빗대어 시인 자신의 심경을 가슴 절절하게 고백해 놓은 것은 아닐까.

> 막내 효신이가 엄마가 되었다
> 먼 우주에서 왔을 별 하나를
> 열 달 동안 뱃속에 품고 있다가
> 제 몸의 한 조각으로 내어놓았다
>
> 핏덩이가 숨을 쉬고 소리를 지른다
> 엄마도 아빠도 할아버지 할머니도

얼굴엔 봄꽃이 활짝 피어나고

아기별 심장 소리에 우주가 들썩인다

- 「서준」 전문

시인이 품어야 할 소중한 생명이 「서준」이라는 이름으로 세상에 태어났다. 강석희 시인은 새로운 생명의 탄생을 "열 달 동안 뱃속에 품고 있다가/ 제 몸의 한 조각으로 내어놓았다"라고 절묘하게 표현했다. "얼굴엔 봄꽃이 활짝 피어나고/ 아기별 심장 소리에 우주가 들썩"일 만큼 생명의 탄생은 범우주적이다. 탄생은 곧 소멸할 세대들을 부활시킬 수 있는 원동력이므로 매우 소중하다.

그런가 하면 「아버지의 귀가」도 있다. 아버지는 "허기와 피곤과 젖은 땀 냄새를 산처럼 짊어지고,/ 저벅저벅 거친 바람을 몰고 온다". 어머니는 돌아온 아버지를 위해 쌀밥을 지었을 것이다. "밥 짓는 냄새가 울안을 채우면/ 호롱불이 춤추는 작은 방에서/ 석류 터지듯 새끼들 웃음소리 새어" 나오곤 했다. 그처럼 아버지의 귀환은 가족 모두를 품어 주는 가장 큰 힘으로 시인의 무의식 속에 각인되어있다. 이제 시인은 그 아버지와 어머니의 사랑을 재현하고 실천하고 있다. 그 대상은 가족이며 자연이다.

2. 사랑과 인연 그 마음결로 익어가기

    풋사과가 빨갛게 익는 것처럼
    세월이 흐르면 풋사랑도 익는다
    사금파리 같은 사랑도 조약돌처럼
    둥글둥글 편안한 사랑이 된다

    설익어 풋풋하고 아파했던 사랑이
    비바람과 따가운 햇살을 견디고
    늦가을 단풍잎같이 곱게 물들면
    애정은 반딧불처럼 어둠을 밝힌다

                      - 「사랑도 익는다」 전문

시인이 품어온 많은 것 중에 사랑을 주제로 쓴 시가 많다. 이는 강석희 시인의 마음속에 사랑이 가득하기 때문이다. 마음이 삭막한 사람들이라면 이렇게 따듯한 시를 쓰기 힘들다. 시인은 「사랑도 익는다」에서 "사금파리 같은 사랑도 조약돌처럼/ 둥글둥글 편안한 사랑이 된다"라고 하였다. 품어 주는 사랑은 원형의 모습이며 원형은 추체험에서 나온다. 모나지 않고 서로 이해하고 사랑하면서 동글동글 굴러가는 사랑. 그런 편안하고 아늑한 사랑을 시인은 꿈꾸었나 보다. 그리하여 시인의 사랑은 반딧불처럼 어둠을 환하게 밝힌다.

건지산 오솔길 후미진 곳에
어울리지 않는 돌 하나가 눈에 띈다
하늘에서 운석이 떨어진 걸까
아님, 누가 수석을 갖다 놓았나
절절한 이야기가 응축된
거북이 등 같은 돌 하나가
슬그머니 내 마음속에 들어온다

햇살 뒹구는 마당 한 편에
꽃잔디, 봉선화, 철쭉도 심고
화사하게 피어나는 어우러진 자리에서
가슴속 품었던 절절한 사연들
꽃향기처럼 뿜어낼 것 같은
덩그런 돌 하나가 씨감자처럼

들썩이는 마음속에서 똬리를 튼다

　　　　　　　　　　　　　　- 「인연」 전문

　시인은 건지산을 올라갔나 보다. 그곳에서 신기한 작은 돌 하나를 발견했다. 돌을 보고, 시인은 돌 하나하나에서 속 깊은 사유들을 끄집어낸다. 그리고 마침내 "가슴속 품었던 절절한 사연들"이 되살아난다. 씨감자를 심으면 시간이 지나 흙 속에 수많은 어미 감자가 열리듯, 돌 하나로 씨감자 같은 사연을 줄줄이 불러들인다. 시인은 돌이라는 작은 대상 하나에도 섬세하게 관찰하고 사유하여, 하나의 아름다운 시로 탄생시키는 재능이 있다.

　「홍시」는 시인의 세계관이 잘 담긴 시라 할 수 있다. 홍시에서 시인은 홍시가 익어가는 모습을 유심히 지켜보고는 "그리움은 터질 듯 만삭이 된다"라고 하였다. 그리하여 마침내 홍시는 떨어지고, 떨어진 홍시는 "산산이 부서지는 장렬한 사랑으로/ 뜨겁게, 뜨겁게 대지와 입 맞춘다". 이토록 뜨거우면서도 아련한 사랑과 관련한 시들은 시인의 작품에 자주 나타난다.

　「행복 발견」에서 시인은 "겨우 오른 정상에서 행복을 찾는데/ 주머니 속에서 행복이 뚝 떨어진다"라고 한다. 그 주머니 속은 시인의 주머니 속인 줄도 모른다. 유유자적한 시인의 마음은 「사랑 참 쉽다」에서도 드러나는데 "사랑은 확인하는 게 아닙니다/ 사랑은 느끼는 겁니다"라고 시인은 말한다. 이토록 아름다운 시를 읽으면 세상의 모든 대상이 따뜻해지고 누군가에게 사랑을 베풀게 된다.

    길을 걸으면 찍히는 발자국,
    또 하나의 나를 남긴다
    바람이 지나간 자리엔 꽃이 피고
    나비의 몸짓은 부활이 싹튼다

    흔적 없이 사라지는 건 없다
    흔적의 뒤안길엔 추억이 남는다
    사라진다는 것은 재회의 약속,
    겨울의 기억으로 새봄 꽃을 피운다
                                    - 「흔적의 기억」 전문

「흔적의 기억」에서 시인은 발자국은 또 하나의 나라고 표현한다. 바람이 지나간 자리에서는 꽃들이 피어나고 나비의 몸짓은 마치 부활을 보는 듯하다. 시인의 이런 봄날 풍경을 이미지로 잘 묘사해 놓은 시를 읽으면 유토피아적 상상력이 더욱 돋보인다. 윤회처럼 겨울에서 새봄으로, 새봄에서 겨울로 "발자국은 또 하나의 나"로 발견되는 것이다.

「산에는 꽃이 피네」에서는 "삶과 죽음의 경계가 어디 인가,/ 사유의 겉가죽이 벗겨지면/ 나는 비로소 꽃 이름을 부른다"라고 표현하였다. 가슴속에 들어있는 사연을 다 풀어놓고 나면 그 속에 꽃들이 피고 꽃들 위에 산새 한 마리 날아올지도 모른다. 그것은 시인이 가진 사유와의 화해이면서, 깨달음이기도 하다.

「새날」에서는 "잠든 대지의 심장이 다시 뛰고/ 봇물 터지듯 펼쳐진 날개가/ 회색빛 세상을 초록으로 빛내며/ 새들의 노랫소리 울려 퍼지고/ 희망이 폭죽처럼 꽃을 피운다"라고 말한다. 이는 곧 시인의 유토피아적 바람이며 희망이다.

나는 너에게 너는 나에게,
천 년 전부터 서로를 향했다
이정표 없는 외길을 걸어와

우연인 듯 필연으로 하나가 된다

봄여름 가을 겨울 천 번을 지나
연리지처럼 되어 버린 너와 나,
심장의 더운 피가 섞이고
천년에 한번 꽃을 피운다

-「천년의 사랑」 전문

  천년을 사랑할 수 있다면 얼마나 좋을까. 누구나 꿈꾸는 사랑인「천년의 사랑」은 "나는 너에게 너는 나에게,/ 천 년 전부터 서로를 향했다"라고 발화한다. 이미 천 년 전부터 서로를 향했다는 마음이 어떤 마음일까. 짐작조차 어렵다. 천년이라는 황홀한 표현과 함께 시인은 말한다. 그것은 우연인 듯 필연인 듯 하나가 된다고 사계절을 지나도 변함없는 지고지순한 사랑, 천년을 사랑하기에 충분하다. 서로의 신뢰가 이 짧은 시에서 긴 여운으로 남는다.

  「빗속을 걸으며 하늘을 본다」에서 보여주듯 "저항에서 오는 고통보다는 때론 순종이 평온을 주는 것처럼/ 흠뻑 젖어 연화된 마음이" 시인이 추구하는 주 세계관이 아닐까. 이 사랑은 묻고 따지고, 억지로 대답을 들어야만 직성이 풀리는 강압적인 사랑이 아니다. 눈빛으로 말하고 서로를 이해하고 때로는 순종하는 마음속 깊은 곳에서부터 평온함을 주는 사랑. 이 세상에서 가장 아름다운 사랑이다.

3. 길 위에서 새로운 희망 찾기

>길은 언제나 눈앞에 있다
>보일 때도 있고 보이지 않을 때도 있다
>멈추지 않고 나아갈 때 길은 열린다
>
>때론 두 갈래 길에서 망설이지만
>선택한 길에 후회를 남기지 말고
>가지 못한 길에 미련을 두지 말자
>
>발자국은 길을 걷는 자만이 남긴다
>
>― 「길」 전문

평온한 사랑을 꿈꾸는 강석희 시인의 깨달음에는 「길」이라는 시도 한몫한다. 그 길은 언제나 눈앞에 있으며 멈추지 않고 나아간다. 그리하여 "발자국은 길을 걷는 자만이 남긴다"라는 깊은 사유에 도달한다. 「곶자왈」에서처럼 "막히면 돌아가고 열리면 내달리고" 천둥과 번개를 수만 번 맞고서야 시인은 비로소 깨달음을 얻는다.

> 그에게 가는 길은 길이 없다
> 아니, 없는 게 아니라 보이지 않는다
> 가지 않으면 그를 만날 수 없기에
> 용기를 앞세우고 희망을 불빛 삼아
> 무겁게 첫발을 내딛는다
> 한 걸음 한 걸음 걸을 때마다
> 놀랍게도 그는 내게 가까워져 온다
> 조금만 더, 조금만 더,
> 어느새 나는 그에게로 왔다
>
> — 「길 없는 길」 전문

「길 없는 길」에서도 보여주듯, 시인의 사랑은 끓어오르는 용암 같은 것이 아니라 어머니의 품속 같은 품어 주는 사랑이다. "그에게 가는 길은 길이 없"지만 한 걸음씩 발걸음을 뗄 때마다 "어느새 나는 그에게로" 다가가 있는 것이다. 「벽」에서도 시인의 이러한 세계관이 돋보이는데 "문을 열면 소통이 되고/ 문을 닫으면 단절이 된다"라고 표현한다. 깨달음에 도달한 시인의 마음은 한정 없이 넓고 깊다.

> 너무 뜨겁지 않은 사랑,
>
> 내 앞을 밝혀주는 사랑,
>
> 기울면 차는 한결같은 사랑,
>
> 마주 보면 내 얼굴 닮은 사랑
>
> — 「달빛 사랑」 전문

강석희 시인은 「달빛 사랑」처럼 너무 뜨겁지 않고, 내 앞을 밝혀주며 기울면 차는 조화로운 사랑을 갈구하고 있다. 그런 사랑의 끝은 마침내 "마주 보면 내 얼굴 닮은 사랑"이 되어 내 곁을 든든하게 지켜주는 사랑의 결실을 보게 된다. 짧지만 사랑이 무엇인지 깊이 있게 보여주는 작품이다. 사랑은 희망의 또 다른 이름일 것이다.

> 어머니!
>
> 그 이름 하나 부르는 것만으로도

가슴 깊은 곳에서 뜨거움이 솟아납니다
한 번도 여자인 적이 없었던 어머니는
촛불처럼 사시다가 촛농처럼 녹아내려
제 마음속에 등불이 되었습니다
당신이 가진 것을 다 주고도
늘 미안해했던 당신이기에
그 사랑의 깊이는
제가 감히 가늠할 수조차 없습니다
더 이상 제게 줄 수 없음을
당신은 가슴 아파하고 홀연히 떠났지요
어머니!
하늘에서도 제 걱정을 하는 건 아닌가요?
이제 마음 내려놓으시고 편히 쉬소서,
그것이 어머니가 저에게 줄 수 있는 마지막 사랑입니다

-「모정」전문

이 세상에 어머니 없이 태어나는 사람은 단 한 명도 없다. 「모정」은 사람의 마음속에 가장 근원적인 그리움이며 사랑이라고 할 수 있다. 시인은 어머니의 이름을 부르는 일만으로 가슴속에서 뜨거운 감정이 일어난다고 고백한다. 근대화 시절의 어머니들이 흔히 그랬듯이, 시인의 어머니 또한 여자인 적이 없었을 것이다. 생활을 위해 자식들을 위해 오직 어머니의 이름으로 살아오신 분이었을 것이다. 그 사랑의 깊이를 어찌 다 자식이 알 수 있을까. 더구나 시인의 어머니는 이미 이 세상에 없다. 그러니 시인의 마음이 오죽 안타깝고 가슴 아픈 일이겠는가. 사랑으로 가득한 시인의 성정은 어머니에 대한 그리움에서도 잘 드러난다.

> 비를 맞으면 옷이 젖지만
> 쏟아지는 그리움엔 마음이 젖는다
>
> 젖은 옷은 말리면 되지만
> 젖은 마음엔 그리움만 쌓인다
>
> — 「비와 그리움」 전문

「비와 그리움」은 가슴속에 따듯함이 켜켜이 쌓여가는 작품이다. 비를 맞으면 옷이 젖듯 "쏟아지는 그리움엔 마음이 젖는다"라고 하니 이 얼마나 애틋하고 애절한 표현인가. 비에 젖은 옷은 말리면 다시 마르지만 젖은 마음에는 더욱 그리움만 쌓여가는 것이다.

「모두가 사랑이다」에서 보여주듯이, 하루의 일상에서 나지막이 들려오는 목소리에서도 시인은 사랑을 발견해 낸다. 그곳에 "숨어있는 사랑이 있다"라고 하니 시인이 시적 발견이 참으로 아름답다. 「산처럼」에서는 "찾아오는 생명들을 품어 주고/ 지친 바람도 쉬어가는 곳,/ 바다를 품어 주는 넉넉한 아량"이라고 하였으니, 시인의 넓고 넓은 사랑의 마음이 절절하게 표현되어 있다.

내가 너를 느끼는 순간은

쉿,

욕심이 잠깐 외출할 때이다
                                - 「행복」 전문

단 세 줄의 문장에 삼라만상의 이치가 모두 들어있다. 「행복」은 욕심으로 가득해 상대를 제대로 보지 못하는 일이 많은 현실에서, 내가 너를 느끼는 순간은 그 욕심이 잠깐 외출할 때라고 표현한다. 구구절절 더 설명할 필요도 없이 이 시에서 시인의 깊은 사유가 명징하게 드러난다.

마음속에 촛불 하나 켰습니다
그늘진 마음 환하게 비추고
추운 마음 따뜻하게 해주는
내 안에 작은 촛불입니다

미움을 태우고 욕심을 태워서
늘 꺼지지 않고 타오르는
그대 삶에 등불이 되고
어두운 세상 등대가 되겠습니다

- 「내 마음속의 촛불」 전문

「내 마음속의 촛불」에서 시인의 사랑의 마음이 극대화되는 것을 볼 수 있다. 이 시에서 시인은 "마음속에 촛불 하나 켰습니다"라고 고백한다. 촛불만큼 뜨겁지도 차갑지도 않은, 따스한 불빛이 또 있을까. 따스한 촛불의 온기가 시인의 의식 속에 피돌기처럼 흐르고 있는 모습이 잘 엿보인다. 시인은 미움과 욕심은 다 태워버리고 "오직 그대 삶에 등불이 되고/ 어두운 세상 등대가 되겠습니다"라고 말한다.

이것이 진정 시인이 말하고자 하는 사랑의 본질이며 시적 세계관이 아닐까 싶다. 사랑을 받아본 사람만이 사랑을 베풀 수 있다. 지금까지 삶의 희로애락을 시인은 따듯하면서 아픈 시선으로 바라보았다. 시인이 가진 성정은 그만큼 고요하면서도 여유로움으로 가득 차 있다. 아름답고 애절하면서도 절제미 넘치는 시인의 사랑이 마침내 따듯하고도 아름다운 한 권의 시집으로 탄생하는 순간이다. 앞으로도 자연과 인간을 사랑하는 넉넉하면서도 절절한 시인이 되기를 축원해 드린다.